직선에서 동그라미로

직선에서 동그라미로

정영임 시집

시인의 말

오래전 시인이 꿈이었던 소녀는 마흔을 넘기고 등단했다. 등단지를 들고 고향에 있는 친구에게 갔을 때 친구는 "너는 꿈을 이뤘구나"하고 말했다. 정말 꿈을 이룬 것일까. 그렇지 않다. 지금 나는 발길에 차이는 돌처럼 수많은 시인 중에 그저 돌 하나일 뿐이다. 감히 시인이라고 말하기조차 부끄럽다. 다만 시처럼 살려고 노력하는 사람일 뿐이다.

등단지에 소감을 쓰면서 '곡비'가 되고 싶다고 했던 것이 생각난다. 시인은 대신 울어주는 사람이 되어야 한다고 나의 시 스승인 김순아 선생님이 말씀해 주셨다. 그러나 시집의 원고를 읽어 보니 나는 나를 위해서 더 많이 운 것 같다. 내 아픈 새는 진두강 가람가에서 울던 접동새보다 더 슬펐다. 남들보다 약지 못했고 잘나지도 못했고 바닥에 가까운 자존감은 땅을 파고 들어갈 정도로 낮았다. 어쩌다 행운이 와도 얼떨떨했고 빠져나갈까 봐 두려웠다.

앞으로 시 비슷하게라도 쓰게 된다면 나보다는 남을 위해서 더 많이 울고 싶다. 나아가서 조금의 재능이라도 있다면, '무당'처럼 그가 되어 그의 이야기를 시로 풀어내고 싶다. 부족한 내 시가 힘든 누군가에게 위로가 되고 살아갈 힘이 된다면 더없이 기쁠 것 같다.

시집 『직선에서 동그라미로』가 나오기까지의 과정이 주마등처럼 지나간다. 시가 바다나 산으로 갈려고 하면 제대로 길을 갈 수 있도록 잡아주신 김순아 선생님, 양산시 문예진흥기금 신청을 못 해서 헤맬 때 도와주신 박정숙 선생님, 시를 놓고 싶을 때 끈 놓지 않게 같이 걸어 주신 양산문학 문우님들, 그리고 이름 없는 시인의 시를 마다하지 않고 곱게 해설해주신 정훈 선생님께 감사하다.

2024. 6
정영임

차례

006 시인의 말

제1부
015 수렵시대 1
016 수렵시대 2
017 시한부
018 여공의 하루
020 진화進化
021 돌가루
022 바나나 껍질
023 말씨
024 수련睡蓮에게 묻다
025 깡통
026 오빠
028 넙치
030 0월
032 코로나보다 무서운 것
033 자루
034 장맛날 수박
035 유리문
036 고분
037 도시의 좀비
038 벌거벗은 여자
040 미나리

제2부

- 043 직선에서 동그라미로
- 044 유채꽃
- 045 돌아서 가는 바람
- 046 홍시
- 047 고려장 이야기
- 048 게발선인장
- 049 백
- 050 참두릅나무
- 051 초승달
- 052 백운암 가는 길
- 053 겨울 벗나무
- 054 석남사를 떠나오면서
- 056 나팔꽃morning glory
- 057 놓을 수 없어서
- 058 마수걸이
- 059 관음포의 별
- 060 신발
- 062 눈 속의 꽃
- 063 목련의 봄
- 064 목련 나무 눈뜰 때

제3부

069 망설이다 놓은 것
070 초가을 매미
071 갈대
072 벚꽃 물드는 마음
073 헌화가
074 껌에 대한 예의
075 소주 마시는 날
076 스마트폰에도 심장이 있다면
077 자목련 아래에서
078 풀잎
079 낙화유수落花流水
080 저 사이가 갖고 싶다
081 영산홍꽃 한 다발
082 금목서
083 나무는 외로워서
084 사랑한다면 저들처럼
085 서출지에서 보내는 편지
086 검은 눈동자
087 매화꽃 사진
088 냉이
089 주홍글씨

제4부

- 093   소국小菊
- 094   마늘 논
- 095   가을 꽃
- 096   하얀 민들레
- 098   흔적
- 099   바람이 물결을 쓸고 가듯이
- 100   늦가을 소묘
- 102   돌아온 봄
- 103   상여 꽃
- 104   임경대에서
- 106   시간의 속도
- 107   고향 바다
- 108   얌전한 고양이
- 109   방월 간척지
- 110   수채화
- 112   양산천 음악 분수대
- 113   꽃댕강나무
- 114   표를 사다
- 116   밤, 광안리 바다
- 117   여름과 겨울 사이

작품해설/정훈

- 118   불안한 내면을 들여다보는 일과 시 쓰기의 자의식

제1부

수렵시대 1
―곰녀

약육강식의 세상
주린 배 채우려면
사냥이 우선

어미는 괴롭힘 당해 우는 아이를
사자 새끼 기르듯
물어뜯는 법부터 가르친다

이리 뜯기고 서리 뜯겨
가죽만 남은 호랑이 아비
퇴근 후
넋두리 같은 술주정 받으면서

곰녀 엄마는
재주라도 팔아볼까
구인 광고를 들여다본다

수렵시대 2
—호녀

옛날 환웅에게 두 여자가 있었는데요
호족의 딸과 곰족의 딸은
환웅의 아내가 되기 위해
동굴 속에서 마늘과 쑥으로 살고
삼칠일을 버텼다는데요
견디지 못한 호녀는
동굴을 뛰쳐나가
야산을 떠돌다
도시로 이주해 살았다는데요
빨간 립스틱에
빨간 매니큐어를 바르고
빨간 하이힐을 신은 채
거짓말처럼 살아 떠돈다는데요
환웅의 자손인 남자는
밤마다 호녀를 찾아 도시를 헤매고
동굴 같은 아파트에 늘어진 스웨터 입고 지지리 궁상떠는
곰 한 마리 아직도 앉아있다는데요

시한부

계약기간 끝나고
떠나야 하는 비정규직들
불빛 환한 거리에서
동료로서 마지막 밤을 보낸다
불빛이 너무 환해 서러운
송별의 밤
세상 참 엿 같다고
안주 삼아 씹어 보지만
씹어도 씹히지 않고
마셔도 취하지 않는
모두는 시한부

술에 취해 춤이라도 추고 싶은데
술에 취해 잠이라도 자고 싶은데
마셔도 취하지 않고
마셔도 잠 오지 않는 밤이다

여공의 하루

남편이 건네준 박봉의 통장을 들고
이러다 자식들 공부라도 제대로 시킬까
고민 끝에 장롱 깊숙이 통장을 접어 넣고
본드 공장에 품팔이 갔다
일하는 손길 서툴러도 기계는
인정사정이 없다
본드 봉지가 내 앞에 산더미처럼 쌓이다가
바닥에 내리꽂히고
여유 없는 기계 소리
착착착 내 귀를 때린다
컨베이어벨트를 탄 포장상자
오늘은 몇 박스를 싸야 할까
어두침침한 바닥에
먼지 수북한 박스를 뜯어 깔고
실컷 잠이라도 자보았으면 싶은데
퇴근 시간이 다 되어도 또 일감을 잡으라는
누군가의 목소리,

나는 공장의 기계일까

만들어진 상품일까

진화進化

유선 전화기는 휴대전화로 진화하고
흑백 TV는 벽걸이 TV로 진화하고
부채는 에어컨으로 진화하고
금속활자는 컴퓨터로 진화하고
가마솥은 전기밥솥으로 진화하고
가마는 자동차로 진화하고
그들은 더 새로워진다
겨우 한 가지를 가지면
더 새롭게 진화한 물건이 쏟아져 나온다
물건을 가지고 또 가져도 따라갈 수 없는 속도
나는 빠르게 퇴화하는 중이다

돌가루

잠든 아들의 얼굴에서 남편이 보이던 날
아들이 안쓰럽다는 생각을 했다
흙같이 보드라운 네가
싸우고 타협하고
돌가루가 되어가겠지
잠든 머리맡에 돌가루 같은 약이 하나 둘…
이불을 들춰 보니
부서지는 흰이 있이도
처사식 먹여 살리리라
짱돌 같던 남편
금가고 깨진 푸석돌 하나로 웅크리고 있다
집에서 하는 일 없이 논다는
무심코 던진 말 한마디에
뻥 차버릴까 하다가
새끼랑 나 먹여 살린다고 힘들었는데 싶어
바다 무늬 이불로 덮어준다
잠든 남편의 얼굴에서 아들이 보이던 날
남편도 어릴 때가 있었겠지
남편이 안쓰럽다는 생각을 했다

바나나 껍질

홍가시나무 사이로
죽은 듯 누운 남자
빗방울이 툭툭
건드려도 꼼짝 않는다
신발은 어디서 잃어버렸는지
양말도 바닥에 늘어져 있다
길 아닌 길을 걸어서
집 없는 집을 찾아서
홍가시나무 너머
아파트 불빛 선명한데
샛노란 제빛 잃고
흙빛이 되어 가는
바나나 껍질 하나

말씨

환자가 되어 침대에 눕는다
머슴처럼 부린 팔뚝에
바늘 꽂고 구겨진 몸을 편다
숨은 혈관 찾아서
두 번 세 번 찌르는 바늘

아픈 사람은 알지
남의 손을 빌려야 하는 갑갑함

어떤 이는 감옥 같고
어떤 이는 휴가 같다는 병원
아파서라도 쉬고 싶다 했던 말
씨가 있었나

입술을 떠나
세상을 떠돌던 말이
나를 병원에 떨군다

수련睡蓮에게 묻다

남들 일하는 대낮에 연못가에 앉았다
오리알 되어 둥둥 떠다니다가
갈잎이 되어 바람에 나부끼다가
잠자리가 되어 벼랑 끝에 섰다가
썩은 낙엽 되어 주저앉았다
하루하루 푸줏간 고기처럼
스치는 말에도 피를 흘렸다
수레국화 흐드러지게 핀 위로
꿀벌이 아프게 난다
"그것도 못 참고 뭐 해서 먹고 살래"
풀숲에 개구리가 훔쳐보며 웃는다
눈물 콧물 범벅된 얼굴로 놈을 찾다가
마주친 노란 수련
진흙 속에서 수련을 거쳐 핀 꽃
나는 얼마나 수련修鍊해야
너처럼 꽃을 피울 수 있는지

깡통

마트 진열장엔 내가 많다
타인의 시선에 맞춰 익은 과일들
타인의 치수에 맞게 가봉된 옷들
타인의 입맛에 맞춰 조린 통조림
진짜 나는 어디에 있는지
그 많은 나 속에서
나 하나 만나지 못하고
돌아서 오는 날
소주를 사이다처럼 마시고
내 안의 욕망을 게워내고 싶다
발길에 차이고 구르면서도
이 악물고 살아가는 깡통처럼
깡이라도 있어야 통하지
비명이라도 지르고 싶다

오빠

어른 되고 혈연 아닌 남자에게
부르기 어려웠던 말

또래 여자 동료는 남자 동료에게
잘도 불렀다

없던 친절이 생길 것 같고
늑대도 강아지로 만들 것 같은 오빠

오빠를 노래하는 그녀는
눈을 반달 같이 접고서
여우처럼 아홉 꼬리를 흔드는데
꼬리 하나만 달라고 해볼까

드라마에도 유행가에도 있는
오빠
지금이라도 낳아 달라고 졸라볼까

남편이 나에게 오빠하고 불러보란다

어쩌나 이 나이 먹고도
꼬리가 없다

넙치

가두리 양식장의 넙치
자유를 저당 잡히고
때 되면 주는 먹이를 먹는다

잔물결에도 납작 엎드려 바꾸는 몸빛
어느새 하나둘 사라지는 동료들
굳이 간 곳을 캐묻지 않는다

바다에 저녁이 오면
지상의 별 하나씩 눈을 뜬다

그의 눈에도 별이 뜨고
퇴근 시간 유혹하는 집어등을 지나
등대를 쫓아서 집으로 온다

살아남은 오늘을 위해 한 잔
살기 바라는 내일을 위해 한 잔
비릿한 슬픔을 위해 한 잔

바다에 아침이 오면
자유를 바라는 부적 로또 한 장
가슴에 안고 양식장에 간다

0월

꽃 지고 잎 진 벚나무 아래
한 남자가 앉았다

햇살은 누구에게나 따사롭고
냇물은 갈 길 알아 흐르고

술에 취해 바라본 풍경이
너무 아무렇지 않아서
혼자 억울해지는 대낮

징검다리 뛰어노는 아이
산책 나온 여자

주변이
고요해서 던지는
"야이, 미친년아!"

풍경은 한바탕 일렁이고
부메랑처럼 돌아와 꽂히는

"저 남자 미쳤나 봐"

그 남자의 달은
오라는 곳도 갈 곳도 없는 0월
진달래꽃 두어 송이 봄을 당겨왔다
그 남자 피어나라고

코로나보다 무서운 것

코로나가 호환, 마마만큼 무서워
내가 집안에서
몸집을 불리는 동안
코로나는 수많은 감염자를 만들며
바깥에서 몸집을 불렸다

줄을 서서 일주일 치 마스크를 사고
출근하는 남편의 등을 보다가
코로나보다 무서운 목구멍을 떠올렸다

집 밖에는
백일홍이 피어
그딴 것 잠시 잊으라 하는데

비 흠뻑 맞은 꽃댕강 나뭇가지
꽃 모가지 댕강
밥알처럼 떨구었다

자루

꿈은 꿈일 뿐이었어
그럴 수밖에 없었어
초등학교만 나온 아버지
중학교만 보내줬어도 이리 안 산다
가슴 치는 어머니

목을 죄어 오는 가난은
던지면 던질수록
요란한 쇠그릇 같았다

흙 파먹고 바다를 퍼마셔도
채워지지 않던 자루
이제는 더 취할 무엇도
없다는 듯 비어 간다

내 자식만은 내 자식만은
긴 가방끈에 목메는
내 안에는 꼭 닮은 자루가
억척스럽게 속을 채우고

장맛날 수박

비 갠 오후 아파트에
수박 사세요
소리가 넝쿨째 넘어왔다

수박 사세요
수박 사세요
주먹만 한 소리가
아파트 층층이 문 두드리는 동안

달려 온 경비 할아버지가
소리 넝쿨을 둥글게 말아
수박 장수 어깨에 얹었다

트럭 가득 비닐 덮은 수박이 손님 올 때까지
비닐에 묻은 물방울을 헤아리고
빗방울이 후드득
수박 장수 어깨에 떨어졌다

수박은 처음부터 다시 물방울을 헤아렸다

유리문

그는 뒤로 나는 법을 몰라서
통로를 따라 앞으로만 날아올랐다

아파트 층층 유리창마다
날개를 부딪치며 찾아도 출구는 없었다

옥상 문틈으로 들리는 바람 소리
저 문은 천국의 문

그는 마지막 계단에 날개를 접고
작은 몸을 내려 놓았다

영혼을 조금씩 털면서
스러져가는 새

나는 유리문을 열고
허공에다 새를 놓아주었다

고분

오래된 무덤을 발굴하는 것처럼 손들이 내려오고
죽은 듯 살아있던 물건들 지상으로 올라갔다
두발자전거가 찢어진 타이어를 굴리며 가고
세발자전거가 기침하며 갔다
거미줄 감은 선풍기가 들려가고
속 빈 냉장고가 끌려가고
통돌이 세탁기가 이끌려 갔다

지상에 까마귀밥처럼 던져지는 걸까
용광로에 들어가 환생하는 걸까
먼지 앉은 의자와 돗자리가 몸을 떨었다

지하실 계단에는
끌려가는 것들의 가쁜 숨소리와
오래된 기침 소리

함께 살던 것들 사라진 내 안은 부장품 빠져나간 고분처럼
고요하다

도시의 좀비

어스름 내리는 저녁
심장이 신도시로 옮겨간
구도시 사거리를 가면
낮엔 고대 유적지 같던 상점들
네온 빛 옷을 입고
화사한 웃음을 판다

낮 동안 지치도록 빛을 만들어도
한 번도 빛나지 못한 사람들
네온 빛 기대어 위로받는
슬프고 아름다운 도시의 좀비들
불빛을 쫓아가는 불나방처럼
한 번쯤 찬란하게 빛나고 싶은 것이다

벌거벗은 여자

누군가 찍은 사진 한 장
손에서 손으로 돌려지고
사거리를 벗은 몸으로 걷는 여자
심하게 살을 빼고 미쳤다는데
눈에 익은 옷가게를 스쳐 갔다

옷가게 유리 벽 사진 한 장
눈에서 눈으로 벗겨지고
날씬한 몸으로 웃는 모델 여자
저 옷 입으면 나도 예쁠 것만 같은데
눈에 익은 여자가 가게를 들여다본다

광고 속 요정 같은 여자가 부르는 노래
이것 먹어 보아요
이것 입어 보아요
천 년 묵은 죄도 용서해 줍니다

팔랑팔랑 내 귀가 날갯짓한다
냉장고에는 먹다 만 다이어트 식품이

방 한쪽에는 언제 샀는지 모를 운동 기구
살을 빨리 빼려면 역시 약이 좋겠지

옷가게 유리벽에는
벌거벗은 시선이 머물고

미나리

단풍 들기 무섭게 잎을 벗는 벗나무
성질도 급하지
겨울이 문턱도 넘지 않았는데
드문드문 눈송이 같은 꽃이 피었다

몇 날 몇 밤
봄이었다가 겨울이었다가
계절을 모르고

사계절은 사람이 만든 틀
그 틀에 꽃을 맞추고
때론 자신까지 끼우면서
틀을 벗어나면 '미' 자를 붙인다

미친 개나리, 미친 진달래, 미친 민들레가
틀을 벗어난 미친 그대가
머리에 바람을 꽂고 웃는다
미치고 환장하게

제2부

직선에서 동그라미로

수직으로 사선으로
나를 찔러오는 말

소심해서 말 못하는
친구도 잘 못 사귀는
물건값 한 푼 못 깎는
바보 같은 너는 안 된다는 그 말

끝까지 가봐야 알지
바늘처럼 찌르는 비도
땅에 떨어지면
그 봐, 동그라미 되잖아

유채꽃

멀리 한 덩어리 유채꽃
같으나 모두 다른 저 꽃들

밀치고 누르며 높은 곳 향하지만
알고 보면 모두 힘없는 꽃

바람 불면 서로
몸 의지한 채 일어서는,

돌아서 가는 바람

바람이고 싶었다
사는 일 힘들고 지칠 때
바람처럼
어디든 떠나고 싶었다
그러나
바람도 때론
가다가 벽에 부딪치면
나뭇잎 사이를 지나
낮은 풀잎을 흔들며 돌아서 가는 것
마음 비우고
바람이 가는 길을 쫓아서 간다

홍시

남편이 시골서 가져온 주홍빛 감
떫은 생 익히느라 얼마나 힘들었을까
여기 저기 검은 흉터 나를 닮았다
바람이 할퀴고 비가 때리면
부딪치는 감처럼
할퀴고 때리는 말
서로의 마음이 부딪친다
상처받지 않으려고
여린 속 감추는 감처럼
내 마음 걸어 잠갔다
햇살의 위로에 붉게 익어가던 감
터지는 상처만은 어쩌지 못하고
참았던 눈물 왈칵 쏟아낸다

고려장 이야기

속이 단단해야 제맛인 단감
너무 익어 풀밭에 버리고 돌아서는데
날아온 조간신문 어깨를 툭 친다

모텔에서 굶어 죽었다는 96세 노인
종적을 감춘 아들에게 이승 떠나며 쓴
유서 "아가, 걱정 말거라! 나는 너를
버리지 않았다"
지면에 짤막하게 실려 있다

고려장이란 노인의 지혜를 뜻하는 것
효와 도리를 아는 동방예의지국
고려에는 어디에도 없던 일인데

또 누가 버렸나
아파트 재건축 공사장에 썩은 감자
눈에서 새싹이 나고 있다

게발선인장

저 집게발로
세상을 들어올리고 싶었을까
흙에 살 닿으면
어디서건 실뿌리 내릴 수 있으리니
탯줄 끊듯 줄기를 끊고
저도 홀로 서고 싶었을까
저 몸속에도
뜨거운 피
여전히 흐르고 있었을까
죽은 듯 시들어 있던 마디에
물뿌리개로 살짝 물을 뿌리니
집게발 번쩍 들어올리며
선혈의 꽃 한 송이 토해낸다

백

백 하나 가지고 싶었다
아버지 경찰이고 삼촌이 군인이라는
친구에게 밀릴 때
경찰이 든 백이라도
있으면 했다
회사에 취직해 사장이 나를
탁구공처럼 칠 때마다
아버지가 사장님이 아닌 걸 원망했다
경찰도 사장도 아닌 아버지
세월에 곶감처럼 쪼그라들어
허옇게 마른 입술로
내게 하시는 사랑한다는 말
이제야 알겠다
그가 나의 든든한 백이었음을

이제는 내가
아버지의 백이 돼 주어야 한다는 것을

참두릅나무

그 흔한 가지 하나 없이
서 있는 말뚝
봄이면 새잎 내밀지만
잎 펼 사이 없이 끊어간다

높이 늘려만 가는 목
누구의 손도 닿지 않게
가시를 둘렀구나

배고픈 입들이 팔을 뻗어오고
집도 한길도 아닌 경계에서
도깨비 방망이로
"돈 나와라, 뚝딱" 꿈을 꾼다

손바닥으로 가리면
손가락 사이로 쏟아지는 하늘
"구멍아, 솟아라"
가시로 힘껏 찌른다

초승달

검은 바다가 보이는 정거장 위에서
어제 써 놓은 유서를 생각한다
자동차 불빛 지날 때마다
나를 찾는 빛일까 봐 눈동자 흔들리지만
모든 것 버리고도 버려진 섬처럼 덩그렇다
보름달이었던 적 있었으나
어둠에 내어준 몸뚱이
이지러지는 아픈 녘는 견딜 수 없어
손목 그으며 지승으로 간다
곡비처럼 개구리 제 슬픔을 더해 울고
흐느끼던 바람 제 슬픔 더해 통곡한다
빛은 어디에도 없다고 생각하는데
따스한 손길이 새벽으로 이끈다
칼이 정다운 얼굴로 채워진다

백운암 가는 길

백운암 이름 하나 이끌려
절집을 찾아가는 길
영축산이 나를 밀어낸다
아무나 올 수 없다는 듯
비바람에 깎인 바위
칼날처럼 세우고 있다
어디쯤 있을까
절은 그림자도 보이지 않는다
내 안에 내가 너무 많아
걸음걸음 거친 숨을 쉬는데
가랑잎은 뾰족한 바윗돌에
떨어져 바스러지고
나무는 잎을 버려 자유롭구나
무엇 하나 버리지 못해
부끄러운 내 마음 보았을까
돌아서려는 내게
그제야 제 모습 보여주는 백운암
연꽃비 속에 앉은 부처님 미소

겨울 벚나무

까치밥처럼 남아있던
잎 떨어지고
고삐 풀린 바람
망나니같이 칼 휘두르면
물속 하늘은 얼어붙고
풀잎 하얗게 자지러지는데
나무는 꼿꼿하게 칼을 맞는다

차라리 울어라 나무아
비명조차 없네
칼자국을 훈장처럼 달고
나무는 더 단단해지는 중이라고
메마른 입술을 달싹인다

석남사를 떠나오면서

산새의 노래
물의 독경
나뭇잎의 춤을 뒤로
극락과 지옥의 경계 같은
일주문 앞에서

나 그냥 비구니 될까
반야심경도
백 팔 배도 모르지만
밤낮으로 하면
물처럼 나뭇잎처럼 되겠지

바닥을 치는 도토리
딱! 하고 치는 죽비 소리
세상은 개똥밭이라네

절집 기념품 가게에서
보살님께 어울린다고 하여

냉큼 사버린 팔찌
개똥참외 하나 열렸다

나팔꽃 morning glory

누가 심었을까 길가에
하늘색 꽃이 보도블록을 피해
까치발하고 발끝으로 서 있다

물이 닿지 않는 하천 가장자리에도
붉은색 꽃무리를 이루고

환삼 넝쿨 우거진 공터에도
덩굴장미처럼 피어있는

쇠그물 울타리에 매달려
어느 난민촌 아이같이
천진한 얼굴로 "Good morning"한다

놓을 수 없어서

이웃집에서 마늘 논을 갈아엎었다
마늘값 똥값 보상금이라도 받으려고
"어머니 우리도 논 갈아엎지 그랬어요"
아들 말 듣고 보니 갈아엎을 걸 그랬나
마늘 심고 거둘 때까지
손바닥 굳은살 박이도록 보냈던 시간이
땀방울이랑 같이 흐른다
봄볕에 마늘 대가 누렇게 식었다
제 키만큼 자란 명아주와 풀 사이에서
마늘도 산다고 힘들었겠구나
고개 숙이고 허리 굽히고
두 손으로 마늘 뽑아낸다
쑥쑥 뽑히는가 싶더니
"뚝" 끊어지는 마늘 대
논도 놓아주기 싫었구나
보물 캐듯 마늘 찾아 캐어낸다
나란히 누워 몸 말리는 마늘
똥값이면 어떠냐
세상에 나가 양념이 되거라

마수걸이

양산 남부 시장 입구
다이소 맞은편 한길 가에는
인도를 따라 줄지은 좌판
없는 것 빼고 다 있소

상추, 깻잎, 나물부터
갈치, 고등어, 멸치까지 손님을 부르고
그 틈 속 처음 나온 파김치 입만 벙긋
다듬는 손길에 몸 맡기며
파전 부칠까 김치 담글까
뭐든 금방 팔릴 것 같았는데

아침 햇살에 익어갈 즈음
파김치 장수가 웃었다
5천 원짜리 지폐 이마에 붙이고

관음포의 별

물결 잔잔한 바닷가에서
별빛 부서진 윤슬을 본다
여기 잠든 별 하나
바다가 몸부림치는 날이면
거친 꿈을 꾼다

꿈은 언제나 노량해전
그날의 함성 피도에서 일어나고
성난 물결 바위를 깨친나
제방을 뛰어넘어 물보라같이
부서져 내리는 별
"내 죽음을 알리지 마라"
눈 감고 귀 막으려니
어두운 밤 샛별로 오시라

물결 철썩이는 바닷가에서
별빛 반짝이는 윤슬을 본다
쉼 없이 밀려오는 파도 넘고
저기 별 하나 온다

신발

신발 가게는 온갖
신에 이르는 길 따르라 하고
사람들 신 따라간다

낮 동안 지은 죄 사하느라
교회 십자가 피 흘리고
도시는 전등빛 천국
발 없어 쫓겨난 뱀 한 마리
강가에서 젖은 달을 본다

어릴 때 남자 고무신 사주신 엄마
꽃신 신은 동생을 질투했는데
그때부터였나
맞지 않는 신 신은 것은

차라리 맨발이 좋을
신 신고 넘어질 때
기도에 응한 신은 운동화 한 켤레
나 대신 나사못 박힌 신발은

십자가에 걸리고 피 흘리며
발을 사랑하지 않은 죄 사하노라

눈 속의 꽃

봄보다 먼저 온 노란 꽃 소식
숲속 양지바른 곳에서
눈 녹이며 피었단다

겨우내 웅크린 뿌리에서
끌어올린 뜨거운 숨
복수초 꽃망울 터졌다

찬 바람 부는 한낮
얇은 햇살에 봄을 느꼈다면
나는 눈 속의 꽃인가 보다

흑백 나뭇가지에 빛깔의 피가 돌고
내 지나는 걸음마다
겨울이 녹는다

목련의 봄

꽃 지고 사방으로 뻗치는 봄을
가위로 잘리고
봄이 사라진 나무는
여름이 올 때까지
기둥으로 서 있었다

새 가지가 나고 새잎이 돋고
새 잎이 부채처럼 펴졌을 때
계절을 돌아온 자목련꽃
능선을 넘어가는 봄을 불렀다

목련의 봄은 뜨겁게 피었다가
여름 안에서 떠나갔는데
그해 나뭇잎이 유난히 푸르렀다고
가지가 다음 해 봄
잎보다 먼저 핀 꽃에게 들려줬다

목련 나무 눈뜰 때

천 개의 손안에 천 개의 눈을 가진
천수관음 같은 나무
고요히 꽃눈을 감고
하늘을 받들고 있구나

마을 지켜 주는 솟대처럼
눈뜰 때마다
나무 앞을 지나는 이
소원 하나씩 이뤄지게 하소서

꽃 진다고 서러워 말아야지
처음 눈 떴을 때처럼
기쁘게 보내줘야지

바닥에 누운 빛바랜 꽃잎은
내 소원의 대가
내 안에 등이 켜졌을 때처럼
아름답게 보내줘야지

천 개의 눈을 감고
천 개의 손을 모은다

제3부

망설이다 놓은 것

꽃집 가판대 화분에
노란 국화가 소담스럽게 피어있다
발걸음을 멈추고
화분을 들어올리다 놨다
향긋한 국화 노란
잎이 눈에 어른거려
다음날 다시 가서
들었다 놨다
시들어 죽을 꽃 생각에
망설이다
놓고 말았다
들었다 놨다
놓은 것이 국화뿐이었을까만

초가을 매미

바람 서늘한 가을날
채 떠나지 못한
매미 한 마리
나무에 매달려 울고 있다

떠나면 나무가
저를 잊을까 봐
가지마다 제 울음
낙인처럼 새기고 있다

갈대

살랑 흔드는 바람에도
살며시 감는 햇살에도
마음 열지 않았네
나를 설레게 하는 건 언제나
물

갈꽃으로 타오른
붉은 마음
아는지 모르는지
흘러가는 물

바람에 이리저리 흔들려도
물 향한 갈대의 마음
강변에
뿌리 내리네

벚꽃 물드는 마음

그대는 벚꽃
내 얼굴 물들이는 꽃물

희지도 붉지도 않게
아침 바람처럼 싱그럽게

내 얼굴에 내려앉네

서둘러 가는 길
차창 밖으로
하늘거리는 저 꽃
나로 물들이고 싶지만

가까이 가는
순간 하르르 지는

헌화가

자줏빛 벼랑 위에
나리꽃
어디를 보느라
목울대 늘리고 피었나
못 꺾어 준다는 그대
꺾어 준다 했으면
그대가 꽃이라며 말렸을 것을

그대는 언제나 저 꽃 같아서
가만히 건너다보는 눈빛
읽을 수는 없지만
나를 아니 부끄러워한다면[*]
내가 꽃이 되고
그대가 내가 되어
나를 꺾어 바칠 것을

* 향가 〈헌화가〉 중.

껌에 대한 예의

씹는다
그가 나를 입 안에 넣고
부드러운 혀로 애무하며
꽉꽉 씹는다
그의 입속에서 정신없이 구르다
단물이 빠진 나를
그가 바닥에 뱉고는
벌레 보듯 밟고 간다
그를 사랑한 벌을 받아야 하나
신발에 딱 붙어서 갈까
청소부가 떼어낼 때까지
바닥에 끈적끈적 붙어 있기로 한다

껌도 버릴 땐 곱게
종이에 싸서 버릴 것

소주 마시는 날

쏟아져 내리는 비가
내 안에 빗금을 친다
너에게 갔어야 했는데
니 그럴 줄 몰랐다는
한마디 말
바늘처럼 아프게
내리꽂히며
내 가슴에 오선을 그리고
도돌이표처럼 종일
되돌아간다

술 한 잔 간절한 밤
부어라 마셔
마시고 비우라는 말이
내 귀엔 비우[雨]란 말로 들린다

스마트폰에도 심장이 있다면

전화번호를 저장하고
사진을 저장하고
동영상을 저장한다
그러나 저장된 것은 다 보이는 것
보이지 않는 것은 어디에 저장할까
스마트폰에도 심장이 있다면
가슴 벅찬 기쁨을 저장하고 싶을 것이다
찾지 않는 전화번호
언제 찍었는지 모르는 사진
보고 싶지 않은 동영상은 지우고 싶을 것이다
사람이 자기 마음대로
저장하고 지울 때면
아무도 모르는 곳에 숨고 싶을 것이다
문자도 전화도 없는 날
저장된 추억은 쉰 음식 같아서
정다웠던 기억 다 비우고 싶을 것이다

자목련 아래에서

하얀 목련꽃 말 못하고
떠난 것 한이 되어
낮술에 취한 채 피었나
자목련꽃 나를 붙드네

꽃은 예쁘고 나는 가야 하니
길옆 돌이 다 부러워
다음에 오면 흔적조차 없을지 몰라
그래도 안녕이란 말 않으려네
꽃은 오늘 피어야 하고
나는 내일 살아야 하지만
내일을 모른 채
오늘을 사는 건 마찬가지

꽃은 잊힐 것을 알아서
오늘 뜨겁게 피지만
나는 다음에 다음에 하다가
피지도 못하고 잊힐까 몰라
그래도 안녕이란 말 않으려네

풀잎

내 사랑은 풀잎
풀끝에 아롱진 이슬처럼
아름답진 않지만
햇살 눈부심으로 빛나는
풀잎
온 마음으로 피워낸 향기
그대 있는 도시까지 보내네

내 사랑은 꽃잎
햇살에 여물어 씨앗으로 맺히면
하얀 날개 달고
그대 창 먼지 사이
이름 없이 피어나
나부끼며 그대를 부르네

낙화유수 落花流水

물을 내려다보는 절벽
가지 끝에 핀 진달래꽃
바람을 피해
아슬아슬 버티는 것은
그대 꽃보다 고운 모습
조금 더 담아두고 싶어

비 오고 바람 불면
가지를 놓아야 하지만
죽어 닿을 수 있다면
흐르는 물 위
유서 같은 연서 띄우고
그대 두 손에
다시 꽃피고 싶어

저 사이가 갖고 싶다

냇가에서 뒤뚱뒤뚱 넘어질 듯
균형을 잡고 걷는 오리
냇물 위로 몸을 띄울 때
오리발은 물속에서만 진실하다

살아내기 위해
참과 거짓을 적당히 섞고
순백의 백조인 척 오리발 내밀지만
아무도 없는 곳에선 혼잣말로 소리치지

냇물에 뜬 달빛을 덮고
서로 등을 맡긴 채 체온을 나누는 오리들
저 사이가 갖고 싶다

가까이 가도 닿지 않는 사람들 사이에서
기우뚱 균형을 잃고
허공을 휘젓는
손이 몹시 아프다

영산홍꽃 한 다발

봄은 축제처럼 왔다가
간 줄 모르게 가 버리지
시든 꽃 보고 간 줄 알았네

내가 그 꽃만 같아
가슴 앓는 동안
가을인가 싶었는데 겨울

꽃샘바람에 울다가
향기 바람에 웃었지

꽃잎일랑 피우지 말자
말아쥔 꽃봉오리
또 속도 없이
영산홍꽃 한 다발 피웠네

또 겁도 없이
덜컥 봄을 안았네

금목서

벌써 일 년
잊으려 하면
창문을 넘어오는 향기
내다보면
찬바람만 스쳐 가네

어디만큼 피어있나
향기만 오는 꽃이여
향기는 천 리 있고
꽃은 만 리 있나
오소소 돋는 서러움

자세히 보면
볼 수 있는 거리
그만큼 피어있는 것을

다가가지 않으면
좁혀지지 않는 거리
그만큼 그대가 있는 것을

나무는 외로워서

하나의 줄기로 자라던 나무는
어느 순간 가지를 내밀었다

혼자 바람에 나부끼는 것 힘겨워서
혼자 비에 젖는 것 서러워서

산새가 깃들여 살고
담쟁이가 기대어 오고
검게 우거진 입 같은 잎 사이로
온갖 소문이 피어났다

나무는 외로워서 가지를 만들고
바람 잘 날 없나 보다

나의 가지에 그대 깃들어 왔으면
잔잔한 나를 흔들었으면

사랑한다면 저들처럼

계곡을 발아래
껴안고 있는 두 그루 나무

한쪽은 기울어지고
한쪽은 받치고 있는

가지와 가지가 깍지를 끼고
단단하게 보듬어 안은

떨어질 잎이 그늘을 만들고
부러진 가지에 입 맞추는

벼랑 끝에서
한쪽이 넘어지면 한쪽이 일으켜주는

저 나무들처럼
사랑한다면

서출지에서 보내는 편지

까마귀가 멈춘 곳에서
편지를 든 노인이 나왔다는

서출지에서
그대에게 편지를 쓴다

겉봉투에는 이 편지를 읽으면 두 명이 웃을 것이요
읽지 않으면 한 명이 울 거라고 쓴다

아주 오래된 절집의 깊은 연못에서든
강변 공원의 얕은 연못에서든
어느 날 선물같이 만나질 그대

발걸음이 멈춘 곳에서
편지를 든 연꽃이 피었다는
이야기가 들려 올 것만 같다

검은 눈동자

타클라마칸도 옛적엔 호수
비단 매고 사내가 말 달렸다는
비단길에는 비단이 없고
호수에는 물이 없다
다만, 지나간 길이 있을 뿐

타클라마칸 바람은
모래언덕을 밀어 길을 지우고
사내의 꿈속에는 길이 있어
목마른 강을 바람으로 달려오는가
눈빛과 눈빛이 얽혔던 강가에서
바람이 지나간 길을 바라본다
여기는 검은 눈동자가 일렁이는
동방의 타클라마칸

매화꽃 사진

지독한 감기
나는 자리에 누웠다

남편이 휴대전화로 보내 온 사진
아픈 나에게 매화꽃이 왔다
꽃가지 하늘 가르고
쏟아지는 봄볕

물 오른 가지 끝
방울방울 맺힌 꽃봉오리가
꽃샘바람 이겨내고
함박웃음 웃는다

봄 가져 온 매화꽃
남편의 바람처럼
나는 자리에서 일어났다

냉이

한겨울 뿌리내린 냉이처럼
파고들고 싶었다
손톱은 나를 할퀼 뿐
너는 끄떡 없구나

어긋나게 돋은 잎차례처럼
각자의 길로 걷는 봄날
함께한 추억 입가에 스칠 때
점점이 소박한 냉이꽃 핀다

바랐던 마음
부질없음을 알았을 때
방울방울 맑은 냉이꽃 진다

함께 걷고 싶은 길들
초록빛으로 물들고
부서져 흩어지는 새하얀 손톱

주홍글씨

삼월이 꽃잎을 활짝 연다
멀리서 보면 한 덩어리 붉은 점
가까이 보면 잎끝 까맣게 그을린 꽃 동백

겨울 볕은
뜨거운 아이스크림 같아
동백꽃에 입 맞추면
실찍 열린
동백 입술 볕에 데인 듯
하르르, 팔삭둥이 계절을 낳는다

바닥에 주홍글씨 새기며
봄은 동백이 낳은 계절
나는 화인처럼 찍힌 꽃 동백 밟으며 봄 속을 걷는다

붉디붉은 꽃 속으로
찬란하게 지고 싶어

제4부

소국小菊

내 품에서 곱게 자란 아이가
학교에서 돌아와 현관문을 열면
귀엔 바람이 걸려 오고
운동화엔 모래가 묻어온다

부엌으로 방으로
내 뒤를 따라다니며
힘들고 길었을 하루
눈앞에 펼쳐 놓는다

힘센 아이에게 맞고
많은 카드 가진 친구에게
'명량대첩'처럼 이겼다고 자랑하는 녀석

때론 가슴 졸이며 애태워도
매 순간 이겨내고
여기저기 향기 풍기는 소국처럼
이곳저곳 웃음소리 흘린다

마늘 논

벼를 베어내고
씨 마늘 품어 키우는 논
우리 남매 키워낸 어머니 배 같다
어둠이 가시기 전부터
어둠이 몰려올 때까지
씌운 비닐에 구멍 뚫어
여린 마늘 줄기 꺼내고
억센 풀 뽑아내는 어머니

나는 어머니가 심은 한 알 마늘이다
튼실한 뿌리로
잎 틔워야 할

가을 꽃

가을은 눈물 냄새가 난다
모든 것이 사라져 버릴 것 같은
경계에 선
하양, 빨강, 연분홍 코스모스
꽃들의 웃음이 슬퍼서 아름답다

양산 초등학교 화단 추모비* 앞에는
물속 제자 구하려다
하늘 가신 신생님 같은
꽃무릇이 아이들을 반긴다
아름다운 사람은 죽어서
별이 된다 했던가

외로운 사람이 죽으면 무슨 꽃 피나
나 죽어 꽃이 된다면 저기 저
지천인 개여뀌로나 필까

* 고 김인자 선생님.

하얀 민들레

길옆 머리 하얀 할머니
뉘 집 할머니일까
지팡이 짚고
무겁게 앉은 가벼운 몸

하얀 머리 곱게 쪽진 나의 할머니
호미 들고 밭으로 논으로
들로 산으로
바람 몰고 다니셨지
어느 날 언덕에서 떨어져
짧게 자른 머리
지팡이 짚고
한길 가에 앉았네

빨간 카네이션 한 송이
사탕 한 봉지에도
"복 받아라" 하시더니
볕 잘 드는 길가에서
지긋이 나를 보는 하얀 민들레

들로 산으로
바람 타고 훨훨 날고 계시네

흔적

마당에 후드득 떨어지는 풋감
비바람 흔들어 그런 줄 알았는데
감나무가 버티다 놓은 흔적이었어

씨알 굵고 빛 좋은 감
햇빛이 돌아가며 익힌 줄 알았는데
감나무가 몸 비틀어 키운 흔적이었어

자고 나면 한 움큼씩 빠지는 이파리,
남은 자식 잘 키우려고 다짐한 흔적이었어

뒤틀린 자리마다 찐득하게 맺힌 진물
자식 보내고 밤새 앓은 흔적이었어

바람이 물결을 쓸고 가듯이

시냇물에 돌 하나 던진다
동심원을 그리던 물이
돌을 삼키고는
아무 일 없다는 듯 가던 길 간다

돌 하나 죽는 것쯤 사소한 일이지만
돌에겐 한세상 막을 내리는 일

내가 뒤돌아보는 것은
쓰다만 시에 대한 아쉬움 때문
풀꽃 같은 아이 향한 미안함 때문

수많은 사람 중
나 하나 죽는 것쯤 사소한 일이지만

늦가을 소묘

가을이 떠나간다

길모퉁이에서 눈인사하던
이름 모를 풀꽃 화관을 쓰고
길바닥에 뿌려진 은행잎을
사뿐히 즈려밟고 간다

할머니 남새밭 밝히던
맨드라미 꽃불 꺼트리고
담장을 따라 돋은 소국에게
꽃불 붙이며 간다

울긋불긋 고운 옷 입은 산
시나브로 옷 벗기고
타작마당보다 넓은 하늘을
티 없이 비질하며 간다

산책길에 눈인사하던
하천 변 갈대꽃 가슴에 안고

물 위에 뿌려진 윤슬을
사뿐히 즈려밟고 간다

돌아온 봄

돌아온 봄날
시냇가 풀 언덕에도 봄이 오고
여기저기 꽃 잔치 벌어졌다
봄까치꽃 부채춤 추고
광대풀꽃 재주넘고
노랑나비 날갯짓에 봄바람이 묻어 왔다

하얗게 머리 센 풀잎 사이로
초록빛 물오른 새잎
이렇듯 돌아온 봄
새댁이 냇가에 앉아 쑥 캐어 담는데
시냇물이 두런거린다
"지난봄 왔던 할머니 안 보이네"
"보면 모르나, 회춘했다. 아이가"

상여 꽃

어릴 적
집 앞에 종이꽃 나풀대며 상여가
지나가곤 했다

요령 소리에 따라
하얀 옷 입은 사람들
가오리연 꼬리 같이 따라가고

아카시 나뭇가지에 걸린
종이꽃 몇 잎이 펄럭이곤 했다

길 위로
어둠 나풀대며 장의차 지나간다
슬퍼할 시간을 놓친 슬픔이
눈을 깜박이며 따라가고

가로수 가지에 하얀 시간이 걸려 펄럭이고 있다

임경대에서
—최치원 선생님께

임께서 오셨다기에
반겨 달려갔더니
묵향 밴 시 한 수
나를 기다리네

외로운 돛배는 바람을 싣고
어디로 가는고*

나무였던 돛배는 바람을 싣고
바람을 처음 만났던 숲으로 가오

간절한 마음
종이학 접어 날려도
전할 길 없는데

저 새는 길이 보이는가
우뚝 솟은 산봉우리 사이
출렁이는 물바람 물고

강을 거슬러 날아가네

*최치원 선생님의 임경대 제영.

시간의 속도

단풍이 질까 봐
고속으로 달려왔는데
빨간 단풍잎은 벌써 암자의
장독대 위에 내려앉았네

팔랑팔랑 떨어지는
나뭇잎을 잡으니
한순간 시간이 멈춘 듯 고요해라
다시 내 머리카락 날리고
사락사락 나무 옷 벗는 소리

산속의 시간은
나뭇잎 떨어지는 속도
수만 수천의 시간이 쏟아진다
나는 그 속에서 길을 잃고 마는데

고향 바다

양산천 흘러가는 물결 바라보며
그 물이 가 닿을 바닷가
내 고향을 생각한다

섬과 뭍이 서로를 부르는 소리
바람에 흩어지고
메아리 물결에 실려 오는데
귀먹은 고깃배 두어 척
졸고 있던 바다

저녁이 오는 줄도 모르고
굴을 따시던 부모님
물이 밀려드는 줄도 모르고
놀던 동무들
지금은 모두 떠나와
혼자 철썩일 바다

그리운 내 마음
밀려가는 물결에 띄워 보낸다

얌전한 고양이

곱게 물든 단풍잎 보다가
학교 울타리 넘은 모과나무와 눈 마주쳐 버렸다
쉿! 립스틱 바른 입술 살며시 다무는 나무

바람이 말려놓은 낙엽 밟다가
실개천 다리 밑 고양이와 눈 마주쳐 버렸다
실개천 위로 발을 옮기던 고양이
부뚜막에 먼저 올라갔다는
네가 그 고양이인 거니?

길 건너 곱게 물든 은행잎 보다가
학교 담장 넘던 남학생과 눈 마주쳐 버렸다
교문을 빙 둘러서
익숙하게 창고 지붕 너머로 사라져 버린 너는
날라리가 되고 싶은
얌전한 고양이일까?

방월 간척지

대사천과 관음포 바다가 만나는
수문 다리를 건너
언머리 가는 방천길 너머
간척지 논은
해마다 물결치는 벼를 키웠다

바다와 먼 논에는
연분홍 연꽃도 피었지만
가을걷이 끝난
겨울 간척지는 갯벌을 닮았다

머리에 하얀 갈꽃이 핀
언머리 할머니의 기억은
밀려왔다가 밀려가서
설날 아침 세배 온 내 이름을 자꾸 물었다

아가미와 지느러미를 버린 순간부터
나의 바다도
조금씩 메워지고 있었다

수채화

벼가 여물어가는 논
아버지가 풀을 뽑는다
어깨, 무릎, 허리 안 아픈 데 없다며
그만해야지 하다가
그래도 남들 다 하는데 하면서
두 손 가득 쥐여주는
당신의 알맹이들

먼 도시로 떠나는 길
야광조끼 입은 할아버지가
경운기를 몰고 차도로 내려온다
짐칸에는 할머니가
금방이라도 날아갈 듯 흔들리고
경운기는 탈탈
남은 씨까지 털어댄다

그 모습 나의 부모님 같아
풍경은 흐려지고
오롯이 색을 입은 노부부

내 가슴엔 또
한 장 더 쌓이는 수채화

양산천 음악 분수대

양산천 낮잠 자는 음악 분수대
밤 근무하고 온 엄마처럼
물때가 피곤하게 붙었다
햇살에 몸을 말려보지만
산다는 건 물때를 입고 가는 것

한 번에 마신 두 봉지 커피
잠을 쫓듯 새떼를 쫓고
어둠이 내리면 조명 및 화장
회색빛 얼굴을 감추고
저편까지 물줄기 쏘아 올린다

밤새 방직기계 앞을 달렸을 엄마
엄마처럼 살지 말라고 키운 딸은
나이트클럽에서
조명빛 아래 물 춤을 춘다

꽃댕강나무

도서관 나무 울타리 안
하얀 밥알 같은 꽃
돌담 위로 고개 내밀고
"아가, 밥 묵었나" 하는 것 같다

어릴 때 흘린 밥상 위 하얀 쌀밥
채 식기도 전에 주워드신 할머니
"밥이 하늘이다", "밥심으로 산다"
그 말 온전하게 와닿지 않으나
몸으로 하신 말씀
내 마음에 찐득하게 붙어
밥 버리면 죄짓는 것 같다

꽃댕강나무 꽃 하늘하늘
향기 날리면 괜히 허기지는데
댕강댕강 바닥에 지는 꽃송이
팡팡 쏘아 올려도 떨어지는 별똥별
별나라 사는 아이같이 먹고 싶다

표를 사다

매표소에서 표를 샀다
산길을 걸어 절에 가려면 입장료를 내야 했다

산비탈 수놓은 단풍이
계곡에 흐르는 물빛이
바위에 새긴 옛사랑의 흔적이
저를 사가라는 듯 표 끝에 매달렸다

주머니를 털어 표를 샀다
표를 사지 않으면 극락도 갈 수 없는 것

절집 안쪽 기념품 가게에서 내미는 팔찌에도
처마 끝에서 울리는 풍경소리에도
검은 기와에 그려진 연꽃도
가격표 흔적이 선명하고

불전함에 천 원을 넣고
두 손 모아 기원하는 마음이 아팠다

전각 중앙 단상에 불상이 앉아
우는 듯 웃으며 손을 내밀고

밤, 광안리 바다

섬마을 바닷가 그리워 찾아온 광안리 바닷가
네온 불빛은 달을 지우고
가로등 불빛은 별을 지우고
사람들 부나방처럼 모여든다
해변에는 빌딩 숲 하늘을 찌르는데
카페와 술집은 눈먼 나방에게 바다를 판다

나는 놀란 까마귀처럼
이리저리 빛에 떠밀려
밀려오는 물결 앞에 섰다

하얀 모래 위에 발자국 새겨두면
달려와 지우고
바다 냄새도 지워버린
결백潔白의 바다

광안대교를 왕관처럼 쓰고
빛의 무게를 견딘다
잠 못 들고 뒤척인다

여름과 겨울 사이

대지를 달구던 여름 따라
저만치 달려가는 가을
거리의 벚나무는 서둘러 옷을 벗고
사람만 느려터져서
반소매와 긴소매 사이에 있다

가을을 따라 통도사에 갔다
백련암 은행나무는 초록 잎을 자랑하고
헐벗은 감나무가 주홍빛 깃으로
새파란 하늘을 녹이고

가을 찾아 사명암으로 갔다
단풍나무도 장독도 그대로인데
단풍잎 뒤에 숨어 누구를 기다리다가
그대로 잠든 가을
굽은 나무가 장독 위에서 손을 모은다

사람만 느려터져서
여름과 겨울 사이에 있다

작품해설

불안한 내면을 들여다보는 일과 시 쓰기의 자의식
―정영임의 시 세계

정훈(문학평론가)

 현대시의 특징 가운데 가장 도드라진 점을 꼽으라면 아마 '고독'이 아닐까. '고독한 군중'이니 '고독한 현대인'이니 하는 '식상한' 표현을 많이 쓴다. 고독이라는 표현으로써 현대인뿐만 아니라 사람 일반의 특징을 잘 나타낸 말도 없을 것이다. 외로움이나 쓸쓸함도 이에 포함되는 말이다. 고독은 물질적인 소유의 정도에 상관없이 일간 존재의 보편적인 속성이 아닐까. 이는 지복한 세계가 주는 완전함이라든가 평온한 상태와 너무나도 머나먼 시공간으로 진입한 현대인이라면 한 번쯤, 아니 여러 번이나 지속해서 느끼는 감정이다. 이 고독은 상실감과 연결된다. 상실감은 물건을 잃어버려서 찾아오는 허탈감과는 다르다. 반드시 있어야 할 그 무엇이 결여된 느낌의 일종이다. 구체적으로 짚어서 생각하기는 어렵지만, 어딘가 모르게 지녀야 할 어떤 것이 자신도 모르는 사이에 빠져나가 비어있는 것처럼 허허로운 상태라고 할 수 있다. 현대인은 상실감과 아울러 고독에 익숙해져 있다. 농촌공동체를 이루며 살다 산업화와 근대화가 진행되면서 급격한 속도의 도시화가 이루어졌다. 지난 1970~80년대 우리는 급속도로 변화되는 전 국토의 개발로 생긴 몸살을 앓았다. 그 생채기는 이루 말할 수 없는 상실감을 남겼다.

 당시 시인들 대부분이 그러한 사회변화를 소재로 창작에 임했다. 정신적인 가치는 뒷전에 두고, 오로지 눈에 보이는 성장만을 위해 정부와 온 국민이 '합심'해서 손을 잡았다. 더러 이에 비판하거나 '반동적인' 행태를 보였던 개인이나 집단은 국가라는 이름으로 린치를 당했던 사실을 우리는 익히 알고 있다. 국가 이데올로기가 국민에 주입했던 이념과 사상이란 한갓 서로 경쟁과 불신을 조장하고, 천민자본주의의 톱니바퀴에 얌전히 끼어들어야지만 '건전한 시민'으로 거듭날 수 있었던 시절이었다. 현대시가 그 무렵 모더니즘의 발아를 거쳐 극단적인 언어실험으로 나아간 정황도 이와 무관하지 않을 것이다. 현대에 대한 불신과 환멸이 아마도 그런 시적 형식으로 나타났을 수도 있기 때문이다.

 정영임의 시는 방금 서두에서 말한 사회변화의 요소를 직접 언급하지는 않지만, 우리 시대가 국민에게 강제한 '기계적인' 노동과 질서 잡힌 생활 태도에서 비롯된 피로감이 곳곳에

녹아 있다. 외형이 번지르르한 '현대인'의 속내를 들여다보면 사실 헐리고 뜯긴 실존의 면모가 날것 그대로 드러난다. 이러한 현실에는 경쟁에서 비롯된, 아니 속도에 뒤처지지 않아야 한다는 강박관념이 잠재되어 있어서 언제라도 '고독'의 세계에 침잠할 수밖에 없는 현대인의 천형을 엿보게 된다. 고향이 가져다주는 안온함과 평온함은 도시에서 더 이상 찾아볼 수 없는 유토피아가 된 지 오래다. 그래서 현대시는 도시화가 가중되어 과부하에 다다른 개인의 상실감을 형상화한 경우가 많은 듯하다. 상실감은 다른 무엇으로 보상해야 한다는 강박심리를 유발하지만, 그대로 인내하면서 지금까지 삶의 패턴이나 심리적 안정 기제에 기대려는 마음의 작용을 낳기도 한다.

>남편이 건네준 박봉의 통장을 들고
>이러다 자식들 공부라도 제대로 시킬까
>고민 끝에 장롱 깊숙이 통장을 접어 넣고
>본드 공장에 품팔이 갔다
>일하는 손길 서툴러도 기계는
>인정사정이 없다
>본드 봉지가 내 앞에 산더미처럼 쌓이다가
>바닥에 내리꽂히고
>여유 없는 기계 소리
>착착착 내 귀를 때린다
>컨베이어벨트를 탄 포장상자
>오늘은 몇 박스를 싸야 할까
>어두침침한 바닥에
>먼지 수북한 박스를 뜯어 깔고

> 실컷 잠이라도 자보았으면 싶은데
> 퇴근 시간이 다 되어도 또 일감을 잡으라는
> 누군가의 목소리,
>
> 나는 공장의 기계일까
> 만들어진 상품일까
>
> ―「여공의 하루」 전문

 마치 산업화 시대 공장노동자의 단면을 연상하게 하는 위 시에서 화자를 둘러싼 세계가 얼마나 의지와 무관하게 '폭력적인' 방식으로 작동하고 있음을 보게 된다. 여유롭지 않은 가정에서 어쩔 수 없이 공장에 품을 팔 수밖에 없는 화자의 목소리에는 잠시 여유를 누릴 틈도 없이 신체를 채찍질하는 자본의 메커니즘이 그대로 드러난다. "나는 공장의 기계일까 / 만들어진 상품일까"라고 자조하는 시인의 목소리에는 자본주의가 강제하는 노동의 법칙이 인간을 소외시키는 칼날로 묘사되고 있다. 이러한 상황에 놓인 한 인간의 고뇌는 우리가 굳이 상상하지 않더라도 우리 부모와 형제가, 그리고 스스로가 숱하게 겪어왔다. 노동이 신성시되지 않고 한낱 이윤을 낳기 위한 수단으로 전락할 때 인간은 자신의 존재 방식과 의미를 의심한다. 이는 노동으로부터 인간을 소외시키면서 빚어내곤 하는 세계에 대한 회의와 비극적인 세계관과 손쉽게 결합된다. 단지 먹고 살기 위해서 몸을 움직여야만 하는 사회에서 진정한 사랑과 공동체에 대한 애정은 실종된다. 화자가 의심하는 자신의 정체성은 "기계"냐 "상품"이냐 하는 양자택일을 불러일으키는 정신의 기갈에 부딪치는 것이다.

마트 진열장엔 내가 많다
타인의 시선에 맞춰 익은 과일들
타인의 치수에 맞게 가봉된 옷들
타인의 입맛에 맞춰 조린 통조림
진짜 나는 어디에 있는지
그 많은 나 속에서
나 하나 만나지 못하고
돌아서 오는 날
소주를 사이다처럼 마시고
내 안의 욕망을 게워내고 싶다
발길에 차이고 구르면서도
이 악물고 살아가는 깡통처럼
깡이라도 있어야 통하지
비명이라도 지르고 싶다

―「깡통」 전문

자신의 정체성이 무엇이고 어디에 있는지 혼란스러워하는 현대사회이다. "타인의 시선에 맞춰 익은 과일들/ 타인의 치수에 맞게 가봉된 옷들/ 타인의 입맛에 맞춰 조린 통조림/ 진짜 나는 어디에 있는지" 찾는 화자에게 인간의 개성과 고귀함은 시장에 진열된 획일적인 상품에 파묻혀 사라진다. 자본주의는 생활을 편리하고 유익하게 하는 이면에 저마다 지닌 개성을 말살해 버린다. 대량생산과 대량소비로 상징되는 현대 산업사회에서 인간이 기계 부품의 일종이 되어버리고, 획일화된 욕망과 모방심리에 휩쓸려 자신의 근거를 되돌아볼 여력도 없이 나날이 빨라지는 속도에 휩쓸린다. 디지털 문명이 가져다주는 편익과 별도로 우리는 아날로그 사회에서 누렸던 시간과 정신의 여유를 상실한 지 이미 오래되었다. 시인은 메마른 현대사회가 인간을 기계의 부속품으로 치부하거나, 채워도 채워도 만족하지 못하는 욕망의 노예로 만드는 세계에 현기증을 느낀다. 본원적인 상실감이나 고독에 더해진 인간 사회의 불온한 상황에서 시인은 절규한다. 시인의 절규는 바로 우리가 늘 일상에서 솟구치는 절망과 분노이기도 하다. 사람이 누려야 하는 요소 중에는 물질적인 것뿐만 아니라 만족감이나 행복 등 정신적인 요소도 숱하다. 하지만 눈에 보이는 것만 신봉하는 사회에서 그런 정신적인 가치는 땅에 떨어진 지 오래다. 이런 세계에서 가중되는 휴머니즘의 상실을 생각할 때 시인이 형상화한 시적 세계의 빛깔이 어두울 수밖에 없는 이유를 충분히 짐작할 수 있을 것이다.

> 오래된 무덤을 발굴하는 것처럼 손들이 내려오고
> 죽은 듯 살아있던 물건들 지상으로 올라갔다
> 두발자전거가 찢어진 타이어를 굴리며 가고
> 세발자전거가 기침하며 갔다
> 거미줄 감은 선풍기가 들려가고
> 속 빈 냉장고가 끌려가고
> 통돌이 세탁기가 이끌려 갔다
>
> 지상에 까마귀밥처럼 던져지는 걸까
> 용광로에 들어가 환생하는 걸까
> 먼지 앉은 의자와 돗자리가 몸을 떨었다
>
> 지하실 계단에는
> 끌려가는 것들의 가쁜 숨소리와

오래된 기침 소리

함께 살던 것들 사라진 내 안은 부장품 빠져나간 고분처럼 고요하다
―「고분」 전문

오랫동안 시인과 함께 동고동락을 나누었던 지하의 각종 가재도구가 하나둘씩 말끔히 치워질 때 생기는 어떤 결락감을 위 시에서 볼 수 있다. 시인은 이를 '고분'으로 비유한다. "함께 살던 것들 사라진 내 안은 부장품 빠져나간 고분처럼 고요하다"고 적었다. 이렇게 일상에서 벌어지는 수많은 경험 중에는 자신의 둘레에 언제든 함께 할 것처럼 보이는 것들과 이별해야 하는 일을 겪게 된다. 사람은 늘 한곳에 머무를 것처럼 살아가지만 예기치 못한 사정이나 원인으로 뜻하지 않게 딴 곳으로 거처를 옮기거나, 마음과는 달리 사람이나 물건과 떨어져야 하는 경우가 생긴다. "부장품이 빠져나간 고분"은 반드시 있어야 할 것들이 있지 않는, 그야말로 형해화된 공간에 지나지 않는다. 화자의 이 말로써 화자가 처한 공허를 엿볼 수 있다. 현대인의 본질적인 고독과 상실은, 실은 이 세계와 인간이 맺는 관계성이 그만큼 부조리와 아이러니에 바탕을 두고 있다는 말과 다르지 않다. 근원적인 해결이 묘연한 세계에서 살아가는 일이란 마치 구멍이 난 선상(船上)에서 목적지도 모른 채 항해하는 선원처럼 막막할 따름이다. 삶의 결락은 그런 구멍 난 배의 항로와도 같다.

하얀 목련꽃 말 못하고
떠난 것 한이 되어
낮술에 취한 채 피었나
자목련꽃 나를 붙드네

꽃은 예쁘고 나는 가야 하니
길옆 돌이 다 부러워
다음에 오면 흔적조차 없을지 몰라
그래도 안녕이란 말 않으려네
꽃은 오늘 피어야 하고
나는 내일 살아야 하지만
내일을 모른 채
오늘을 사는 건 마찬가지

꽃은 잊힐 것을 알아서
오늘 뜨겁게 피지만
나는 다음에 다음에 하다가
피지도 못하고 잊힐까 몰라
그래도 안녕이란 말 않으려네

―「자목련 아래에서」 전문

시집 『직선에서 동그라미로』에는 시인인 꽃과 같은 식물을 소재로 한 시편들이 많이 들어 있다. 꽃을 노래하지 않는 시인은 별로 없다. 많은 시인들이 꽃을 노래해 왔고, 앞으로도 그럴 것이다. 정영임은 목련꽃을 보면서 세월의 허무함과 함께 아름다운 시절에 대한 꿈과, 또한 지나가서 기억에 파묻히게 될 삶의 회한을 떠올린다. "꽃은 잊힐 것을 알아서/ 오늘 뜨겁게 피지만/ 나는 다음에 다음에 하다가/ 피지도 못하고 잊힐까 몰라/ 그래도 안녕이란 말 않으려네"라 읊조리는 화자의 심사(心思)에는 한철 아름답게 피워올리다 어느새 시들고야 마는 생명의 허무가 가득하다. 아름다울 때 절정의 모습을 보이는 꽃을 보면서, 그러한 꽃과 비교하여 초라한 자신의 내면을 고백하는 작품으로 읽어도 좋다. 시인뿐만 아니라 많은 사람이 자신의 물질적·정신적 풍요로움과 관계없이 생명이 가져다주는 허무를 생각한다. '한철'이라는 말은 그래서 나왔을 것이다. 생명의 진행 과정에서 싹트고, 자라고, 시들고, 마침내 쇠락해지곤 하는 여정을 들여다보면 지금 이곳의 삶이 가장 의미가 있고 가장 아름답지 않을 수 없다. 그러나 생각만 이렇고 현실은 누추하고, 초라하고, 빈한할 따름이다.

  구멍이 난 듯 허허로운 일상에서 시인은 무엇을 꿈꾸는지 시편 군데군데 그 마음을 흩뿌리고 있음을 알 수 있다. 시인은 절로 일어나는 욕심을 숨기지 않고 고백하되, 그 욕심이나 욕망이 질박하다는 사실을 보게 된다. 시인은 누추한 현실을 겪으며 자신의 뜻을 조금씩 꺾으며 살아온 것처럼 보인다. 이는 요즘 세태에 비춰보면 미덕이다. 시 쓰기는 그러한 시인의 내면을 고스란히 보여주는 훌륭한 수단이다. 시인은 시를 씀으로써 세계를 향한 목소리를 낸다. 그 어조에는 원망과 불안이 없지 않다. 그런데 시인의 개성적인 목소리는 보편적인 우리 시대의 외침이기도 하다. 개별자는 보편적인 존재의 특징을 바탕으로 해서 존재한다. 시인이 처한 현실의 궁핍은 곧바로 현대를 살아가는 우리들의 궁핍과 이어져 있는 것이다. 내면에 도사리고 있는 슬픔이나 원망은 시적인 형상화로 우리에게 말을 건넨다. 여기에서 공감의 연대가 만들어진다. 외롭고 고독한, 한 내면의 풍경을 정영임의 시를 읽으며 되짚게 된다. 스산한 가을바람처럼 이리저리 흔들리다가 그늘진 곳에 잠시 머물면 녹슨 기억이 한꺼번에 소환되는 듯 그의 시편은 을씨년스러운 기분을 불러일으키지만, 한편으로는 생명이 남기는 진정한 의미가 무엇인지 고민하게 한다.

> 시냇물에 돌 하나 던진다
> 동심원을 그리던 물이
> 돌을 삼키고는
> 아무 일 없다는 듯 가던 길 간다
>
> 돌 하나 죽는 것쯤 사소한 일이지만
> 돌에겐 한세상 막을 내리는 일
>
> 내가 뒤돌아보는 것은
> 쓰다만 시에 대한 아쉬움 때문
> 풀꽃 같은 아이 향한 미안함 때문
>
> 수많은 사람 중
> 나 하나 죽는 것쯤 사소한 일이지만
> ―「바람이 물결을 쓸고 가듯이」 전문

소멸하는 것들이 지나가는 자리에는 온통 그리움과 미련만이 가득하다. 시간이 주는 마법이다. 사소하게 보이는 것도 온 생을 바쳐서 산화하는 일이기도 하고, 거대한 물줄기처럼 유유히 흐르는 시간의 퇴적도 한순간의 꿈처럼 물거품 되어 순식간에 사라지기도 한다. 이는 세계를 어떤 시각으로 바라보는지에 따라 다를 것이다. 상대적인 시각은 이렇게 세계를 정반대의 눈으로 응시하게끔 한다. 시인은 지나간 시간 속에서 마치 풀지 못한 숙제처럼 늘 발목을 잡는 것을 잊지 않는다. "내가 뒤돌아보는 것은/ 쓰다만 시에 대한 아쉬움 때문/ 풀꽃 같은 아이 향한 미안함 때문"이라고 했다. 시 쓰기와 자식에 대한 아쉬움과 미안함은 어떻게 보면 사소한 것일 수도 있다. 하지만 시인은 이 둘의 일이 육중하게 자신을 짓누르는 존재의 무게처럼 결코 가볍지가 않다. 시를 향한 갈구는 시인이라면 누구나 간직하고 있는 마음이다. 늘 어딘가 허술하게만 다가오는 시 쓰기의 미련은 아마 모든 시인들이 두고두고 숙제처럼 해결해야 할 마음의 짐이다. 아이 걱정은 두말하면 무엇하랴. 자신의 실존적인 죽음보다 이 둘의 문제가 우선이라는 고백이 우리에게 남기는 의미는 사소하지 않다. 언제고 만났다가 헤어지는 게 인생이라면, 어딘가 자신의 흔적을 남기고 가고 싶은 마음이 인간이라면 누구에게나 생길 것이다. 특히 시인이라면 더욱 그렇지 않을까. 매번 최선의 감성을 쏟아부어 만든 시라도 훗날 음미하면 어딘가 허술하게 보이기도 하는 게 시인의 삶이다.

시인의 삶은 실존적인 개인의 삶과 다르지 않다. 현대를 살아가면서 한 사람의 개인으로 살아가는 일과, 시를 쓰는 시인으로 살아가는 일은 여러 면에서 갈라진다. 훌륭한 시민이면서 훌륭한 시인은 드물다. 대개 시인으로서 훌륭한 작품을 남기는 사람은 개인적인 삶이 그럴듯하지 않거나 그늘이 번져 있는 경우가 많다. 실존과 시인 사이에 벌어지는 이 틈이나 괴리 자체가 시인에게 고뇌를 안기는 중요한 원인이 되기도 한다. 생활인으로서 느끼는 유한한 존재로서 모순과 부조화는 곧잘 시의 소재로 활용되는 경우가 많다. 특히 20세기 이후 모더니즘 열풍이 시에 영향을 주었던 때로부터 지금까지 시인은 언어와 세계가 마찰하는 간극을 궁구해 왔다고 볼 수 있다. 이런 정황은 세계 속 존재로서 봉착할 수밖에 없는 근원적인 한계에서 비롯한다. 불가지의 세계에서 시인이 언어가 주는 마력에 빠져든 까닭도 이와 상관이 깊을 것이다. 여기에는 시간이 갖는 불가해한 속성도 한몫을 했다. 시간은 세계를 구성하는 기본 범주다. 공간과 함께 시간은 인간의 상상력으로도 헤아릴 수 없는 미지의 영역이다.

> 단풍이 질까 봐
> 고속으로 달려왔는데
> 빨간 단풍잎은 벌써 암자의
> 장독대 위에 내려앉았네
>
> 팔랑팔랑 떨어지는
> 나뭇잎을 잡으니
> 한순간 시간이 멈춘 듯 고요해라
> 다시 내 머리카락 날리고
> 사락사락 나무 옷 벗는 소리
>
> 산속의 시간은
> 나뭇잎 떨어지는 속도
> 수만 수천의 시간이 쏟아진다
> 나는 그 속에서 길을 잃고 마는데
> ―「시간의 속도」 전문

자칫 한눈을 파는 사이에 금방 지나가 버리는 사태를 두고 시인은 당황해한다. "산속의 시간은/ 나뭇잎 떨어지는 속도/ 수만 수천의 시간이 쏟아진다/ 나는 그 속에서 길을 잃고 마는데"라 고백한다. 자연의 시간은 우리 인간이 느끼는 시간과 늘 어긋난다. 천천히 오는 듯한 시간도 광속처럼 순식간에 지나버리는 일이 다반사다. 시간 속에서 길을 잃는 시인이지만, 시인뿐만 아니라 우리에게도 그런 순간이 허다하다. 자연 속에서 시간을 잊으며 살아가면 그런 괴리감과 상실감을 느끼지 못하겠지만, 생명을 지닌 존재로서 인간의 시간 감각은 언제나 자신이 느끼는 시간 감각을 배반하고 만다. 이것이 섭리라면 참으로 야속한 섭리가 아닐 수 없다. 이런 데서 오는 허탈함은 인간이 성숙하면서 더욱 배가되는 듯하다. 놓친 시간에 대한 아쉬움과, 다가올 시간에 대한 기대감은 늘 교차하면서 인간에게 희망과 절망을 반복하면서 안긴다. 여기에서 우리에게 행복은 어떻게 생기는가. 행복이라고는 하지만 그것은 결여를 움켜쥔 만족에 지나지 않을 것이다. 그러므로 존재에 대한 회의와 전망의 상실이 현대를 살아가는 사람에게는 숙명과도 같은 생명의 부산물이다.

　　하나의 줄기로 자라던 나무는
　　어느 순간 가지를 내밀었다

　　혼자 바람에 나부끼는 것 힘겨워서
　　혼자 비에 젖는 것 서러워서

　　산새가 깃들여 살고

담쟁이가 기대어 오고
검게 우거진 입 같은 잎 사이로
온갖 소문이 피어났다

나무는 외로워서 가지를 만들고
바람 잘 날 없나 보다

나의 가지에 그대 깃들어 왔으면
잔잔한 나를 흔들었으면

―「나무는 외로워서」 전문

  나무에서 돋아나는 가지를 그대로 보면 나뭇가지에 지나지 않지만, 시인의 마음을 투영하면 외로움에 가지를 돋우거나 흔들 수밖에 없는 존재의 몸부림이다. "나의 가지에 그대 깃들어 왔으면/ 잔잔한 나를 흔들었으면" 바라는 마음을 시인은 드러냈다. 그것은 아마도 근원에서 피어나는 고독의 다른 이름일 것이다. 고독하고 외롭기에 시인은 자연의 모든 만물을 바라보며 숙명의 그림자를 느낀다. 이 외로움은 여러 존재가 각자 자신만의 정황에서 피어나는 서글픈 심사일 것이다. 살아가는 일, 이 쓸쓸하고도 신산한 존재의 몸짓에는 어느 누구도 범접하지 못하는 사연이 웅크린 채 바닥에 널브러져 있다. 바닥에 흩뿌려져 있는 사연 속에는 허탈함과 함께 사금파리처럼 빛나던 풍경도 들어 있을 것이다. 그러나 모두 지난 일이 만든 역사에 갇히거나 기억에 박제된 채로 존재한다. 이러한 불완전하고 불온하면서, 그리고 결락의 마음을 낳거나 마음에 균열을 자아내는 이 세계에서 살아가는 의미가 무엇일까. 시인이 시를 쓰면서 늘 염두에 두는 것이 바로 이것이다. 사는 존재의 이유를 알아가는 일은 그만큼 시를 쓰게 하는 동력이 무엇인지 되짚는 일과 같다. 삶은 빛과 그늘이 혼재하는 속에서 질긴 생명의 씨앗을 틔우는 일이다. 이 과정에서 원하지 않는 바람이 비구름을 몰고 덮치는 수도 있다. 비에 젖은 생의 축축한 살갗을 말리는 일은, 생명의 본성이 보여주는 진실의 속삭임에 귀를 기울이는 과정에서 생겨난다. 시인은 빛나는 세계의 청사진을 그리면서 누추한 현실이 안겨다 주는 스산한 그늘의 바람을 쐰다. 그리운 것들은 언제나 언어를 가져오고, 조합하고, 이미지를 만드는 과정에서 불쑥불쑥 찾아든다. 이 그리움을 공책에 한 자 한 자 써 내려가는 일을 시인은 행한다. 시를 쓰는 일은 내면의 어둠을 응시하면서 괴롭더라도 그 풍경을 하나씩 그리는 일에 지나지 않는다. 정영임의 시는 이런 시적 숨결을 느끼면서 언제 걸을지 모르는 세계의 오솔길을 더듬는다. 이번 시집이 속삭이며 건네는 소식이다.

직선에서 동그라미로

1판 1쇄·2024년 6월 25일

지은이·정영임
펴낸이·서정원
펴낸곳·도서출판 전망
주　　소·부산광역시 중구 해관로 55(중앙동3가) 우편번호·48931
전　　화·051-466-2006
팩　　스·051-441-4445
출판 등록 제1992-000005호
ⓒ 정영임 KOREA
값 10,000원

ISBN 978-89-7973-626-7
w441@chol.com

*저자와의 협의에 의해 인지를 생략합니다.
*이 책 내용의 전부 또는 일부를 재사용하시려면 저작권자와 도서출판 전망
　양측의 동의를 받아야 합니다.

*이 시집은 "2024 양산시 지역문화진흥기금 지원 사업비"를 받아 발간합
　니다.